« HANSEL & GRETEL »
Au-delà du conte

Fedra Latif

Mémoire de Psychologie (1ère partie)

Analyse psychologique du conte d' « Hansel & Gretel »

« Hansel & Gretel, Au-delà du conte »
ISBN : 9798832410876
Dépôt légal : 2022
Imprimé à la demande par Amazon KDP

Couverture : photo réalisée par Fedra Latif, « La Cage », 2020.

A mes fils, Imran et Ismael, que votre imagination fasse fleurir le monde.

Table des matières

Chapitre 1

Immersion en eau profonde

« Ce sont en réalité les contes merveilleux qui reflètent avec le plus de clarté les structures psychiques fondamentales ».
-Carl Gustav Jung

L'analyse du conte d'« Hansel et Gretel » que j'ai entrepris pour la réalisation d'une partie de mon mémoire de Psychologie, s'est imposé à moi presque instinctivement, comme si c'était une évidence et qu'il avait quelque chose à me raconter et à vous révéler. Le conte d'« Hansel et Gretel » s'est présenté d'emblée à moi comme une double aventure, celle d'une approche psychanalytique dans « l'antre » de l'inconscient et celle de la découverte de mes motivations profondes. Cela supposait que je questionne également mon propre inconscient afin de comprendre ce qui m'animait étant petite lorsque j'écoutais et réécoutais ce conte et l'écho qu'il en reste en moi aujourd'hui. Je n'imaginais pas un instant qu'en plongeant dans le monde des contes merveilleux, ou contes de fées, j'allais découvrir tant de richesses inconscientes et tant de symboles révélateurs sur notre monde intérieur et notre inconscient. Pour l'analyse de ce thème, j'ai plongé en « eaux profondes » avec des psychanalystes de renommée comme Bruno Bettelheim, Maria Von Franz, C.G. Jung et Freud qui ont accordé au conte une grande part de leur travail. Ils ont en effet placé le conte merveilleux à un niveau très élevé. Ils l'ont étudié ainsi que les rêves, en les considérant comme outils de travail et de compréhension de l'inconscient humain. Ils lui ont conféré un pouvoir thérapeutique particulier, capable de toucher toutes et tous, enfants et adultes afin de répondre à nos peurs et nos angoisses. Ils se sont intéressés aux structures des contes merveilleux, autrement dit à leur essence, afin de déterminer de quelle manière ils pouvaient venir en aide à la psyché humaine. C'est pourquoi au fil de mes lectures, j'eus la sensation de me retrouver dans un monde parallèle (comme le monde des rêves), mais qui traduisait avec une grande finesse et exactitude notre réalité. C'est comme si le conte avait le pouvoir de nous déshabiller à notre insu, dans le but de toucher tout ce qui est enfoui en nous et dans nos profondeurs inconscientes, de mettre le doigt là où nous avons besoin de réponses et de réconfort.

En effet, l'enfant est sujet à de nombreux conflits intérieurs profonds au cours de son développement, qui trouvent leur origine dans nos pulsions primitives et nos émotions violentes. Ces conflits intérieurs se traduisent par exemple par la peur de l'enfant à se retrouver seul, à être abandonné. Cette angoisse est d'autant plus renforcée chez lui qu'il est incapable d'exprimer ses sentiments par des mots. C'est à ce moment-là que le conte, deviendra pour l'enfant une aide précieuse et thérapeutique, car il prend au sérieux les angoisses et les dilemmes existentiels des petits comme des plus grands. Ainsi le conte aborde directement les thèmes existentiels qui sont sources d'angoisse et de questionnement chez l'enfant, comme par exemple le besoin d'être aimé, la peur d'être considéré comme un bon à rien, la peur de l'abandon, etc. Nous verrons aussi que le conte présente des solutions que l'enfant peut saisir selon ses besoins et son niveau de compréhension (selon l'âge). Ce qui veut dire qu'il puisera dans le conte ce qui est bénéfique pour lui, et qui répond à ses angoisses à un moment précis. Le même conte pourra lui parler à différents niveaux, si ses angoisses changent d'orientation. De plus par son style d'écriture simple, claire et directe le conte a le pouvoir de pénétrer l'esprit du jeune enfant et de mettre une image, une description sur ce qui est pour lui une angoisse ou un problème concret. En effet, l'enfant vit un monde intérieur tumultueux et confus (crises de croissance, période œdipienne), et à mesure qu'il grandit il doit apprendre à mieux se comprendre et à comprendre les autres.

Nous verrons à travers l'analyse du conte d' « Hansel et Gretel » comment le conte a un impact direct sur l'inconscient de l'enfant et lui parle tout en symbolisme en lui offrant des réponses claires. Le grand psychanalyste Gustav Jung disait que « ce sont en réalité les contes merveilleux qui reflètent avec le plus de clarté les structures psychiques fondamentales ». Ceux-ci expriment avec exactitude, de façon sobre et directe les processus psychiques de l'inconscient collectif mondial, patrimoine de tous les hommes. Il s'agit des archétypes. Les contes incluent de nombreux symboles communs à toute l'humanité, à la base des religions et des mythes. On pourrait dire qu'ils sont une mise en abyme des attitudes humaines face à la vie.

Nous analyserons donc le conte d' « Hansel et Gretel » selon les grilles de lectures établies par les psychanalystes que nous avons cités précédemment. Marie-Louise Von

Franz (d'école Jungienne) et Bruno Bettelheim (d'école Freudienne) ont consacré deux œuvres primordiales à la psychanalyse des contes de fées.

Il y différents niveaux de lecture des contes et nous essayerons au travers de ces spécialistes d'en mettre en exergue quelques-uns. J'essayerai d'offrir également une interprétation qui m'est propre tout en m'aidant de ces mêmes œuvres et de leurs clefs de lectures.

Il y a de nombreuses similitudes entre les thèmes qu'abordent tous les contes du monde, parce que, quelque part, nous sommes tous nés avec les mêmes caractéristiques humaines communes à tous les hommes indistinctement de leurs races. Notre nature humaine profonde réagit de la même manière sur beaucoup de thèmes comme celui de la relation complexe entre une mère et une fille par exemple, ou une belle-mère et une belle fille.

On comprend alors que dans un conte merveilleux les personnages et les symboles peuvent varier, mais les grandes lignes et leurs messages profonds resteront toujours les mêmes, car ils s'inscrivent dans la collectivité humaine.

Chapitre 2

Il était une fois Jacob et Wilhelm Grimm

Les deux frères d'origine allemande sont nés respectivement en 1785 et en 1786. Ils sont les ainés d'une fratrie de six enfants. Ils bénéficieront d'une éducation stricte et rigide. Leur père décède alors qu'ils n'ont que 9 et 10 ans. A ce moment-là s'opère un grand changement dans leur cadre de vie. Leur mère les élève seule, dans une grande rigidité et leur difficultés financières fait qu'ils se trouvent rapidement dans une situation précaire. Ils initient des études de droit qu'ils abandonneront rapidement au profit d'une autre vocation : les études littéraires. En 1807, Jacob et Wilhelm choisissent de rassembler les histoires que l'on entend dans les campagnes, celles que les conteurs et les conteuses racontent aux villageois. Ils mettront par écrit ces récits, en respectant fidèlement ce qu'ils ont entendu et en conservant les vocabulaires et les structures grammaticales propre à la tradition populaire et orale.

Au-delà des mots

Les frères Grimm publient en 1812 à Kassel, en Allemagne, le conte d'« Hansel & Gretel » ainsi que de nombreux autres contes devenus des classiques dans leur premier volume des "Contes de l'enfance et du foyer". C'est sur cette version que nous nous appuierons pour l'analyse du conte. « Hansel & Gretel » est connu également sous sa forme française de « Jeannot & Margot ». Il tient son origine dans la tradition folklorique orale allemande. Il y aura entre 1912 et 1957 plusieurs versions du conte par les frères Grimm, mais c'est celle de 1957 qui sera la dernière adaptation du conte.

Qu'est-ce qu'un conte ?

Le « substantif » conte désigne à la fois un récit de faits ou un récit d'aventures imaginaire. Ce genre littéraire qu'on nomme conte englobe des récits qui ont été racontés sous leur forme originelle, oralement. Ils n'ont été mis que bien plus tard par écrit par les frères Grimm entre autres. Nous appelons ces contes, « contes de fées » ou « contes merveilleux », terme que nous préférerons car il englobe tous les contes, même ceux dans lesquels les fées ne sont pas toujours présentes. Les contes merveilleux ont été écrits avant tout pour les enfants, c'est ainsi que nous pouvons supposer que les éléments du merveilleux jouent un rôle primordial d'une part dans la substance du conte lui-même et d'autre part dans le développement de l'enfant. Pour expliquer l'importance du symbolisme dans les contes, nous les examinerons principalement selon les théories et idées des psychanalystes Bruno Bettelheim et Marie-Louise Von Franz. Ce travail nous démontrera l'importance de l'imaginaire chez l'enfant, l'importance des symboles du merveilleux pour le conte et « l'effet thérapeutique » que ceux-ci ont sur l'inconscient des enfants.

Chapitre 3

Présentation du cadre de l'histoire et situation des personnages

Le conte d'« Hansel et Gretel » met en scène deux enfants, terrifiés parce que leurs parents planifient de les abandonner dans une forêt. Le contexte est réaliste et met en scène des parents pauvres, qui n'arrivent plus à nourrir leurs enfants car tout le pays traverse une période de famine grave. Les parents n'arrivent plus à nourrir les enfants, ainsi qu'eux- mêmes. Sous les désirs et contraintes de la marâtre donc, les parents mettent leur plan d'abandon des enfants à exécution. Les enfants se retrouvent bientôt seuls, livrés à eux-mêmes, ne pouvant plus compter sur les piliers qu'ils avaient eus jusqu'alors (mère - père).

Dans un premier temps les deux enfants refuseront d'accepter la tragique décision de leurs parents, qui est de les abandonner dans le bois. Ils s'accrocheront de toute leur force à leurs parents, à leur vie dans la « maison de la pauvreté », foyer ou ils ne sont plus les bienvenus. Dans un deuxième temps, Hansel et Gretel, abandonnés de force en pleine forêt, devront tant bien que mal s'adapter à cette terrible situation. C'est une question de survie pour les deux enfants qui feront appel à leur intelligence et leur ruse pour affronter le dur périple qui les attend. (Rencontre avec la sorcière dans la « maison des fantasmes »).

Dans un dernier acte, nous verrons enfin que les enfants découvrent en eux des ressources inestimables pour affronter la méchante sorcière qui veut les dévorer. Nos héros sortiront de cette aventure angoissante, grandis, plus forts qu'au début de l'histoire et surtout prêts pour affronter la vraie vie.

Les enfants ne perdront jamais de vue leur but initial : rentrer à la maison. La fin du conte s'achève de manière heureuse pour les enfants, qui ont vaincu le mal. Ils découvriront alors que leur maison n'est plus celle de la pauvreté (état d'immaturité et fixation orale des enfants), ni celle des fantasmes ou passions (maisonnette en pain d'épice qui symbolise la lutte pour l'indépendance) mais la « maison de l'abondance » (de la réalisation de soi), où ils pourront vivre à nouveau en harmonie avec leurs parents.

Un lieu indéfini et intemporel

Le conte d'« Hansel et Gretel » met en scène 5 personnages: Hansel, Gretel, la mère des enfants (dans certaines versions la mère est remplacée par la marâtre, 2ème femme du père), le père et la sorcière. Le conte commence avec une des formules traditionnelles d'ouverture des contes : "Sur la lisière d'un grand bois". Le conte se déroule dans un lieu indéfini et intemporel : le lieu et le temps du conte sont imprécis. On nous donne un minimum de détails. Cette absence de détails ne permet pas de situer avec précision l'action, ce qui nous plonge dans un temps intemporel...qui n'appartiendra qu'à l'enfant qui écoute le conte ou qui le lit. On ne sait pas où la trame de l'histoire se déroule et cela a un but précis ; cela pourrait être partout à la fois. Libre à l'enfant de se l'imaginer. On ne sait pas non plus à quelle époque se déroule le conte, car le but du conte est d'être valable en tout temps et de traverser les âges, les générations. En étant ainsi constitué, l'enfant pourra laisser libre recours à son imagination et s'approprier pleinement le temps et le lieu du conte. Il s'imaginera donc le lieu qu'il souhaitera et qui lui correspond. Il en va de même des décors et tous les autres éléments imprécis du conte.

Un genre littéraire à la fois simple et riche

De par son style d'écriture le conte est écrit d'une manière simple (emploi de l'imparfait qui place le récit dans un passé lointain et indéterminé, sans trop donner de détails sur ce qui ne touche pas l'aventure des enfants) mais son message est profond et riche. Son contenu vise à prendre l'enfant par la main et le mener à vivre un périple au bout duquel il sortira digne, grandi et heureux.

L'identification au héros

Le petit enfant ne perçoit pas encore les ambivalences des êtres qui l'entourent. Dans sa tête l'on est gentil ou méchant, mais pas les deux. Son esprit n'arrive pas encore à comprendre qu'en chaque humain il y a du bon et du mauvais. L'enfant au contraire a besoin que l'on dissocie clairement le bien du mal, comme deux entités distinctes. En, effet dans les contes merveilleux l'on a deux sortes de personnages les bons, et les méchants. Grace à cette distinction l'enfant va pouvoir comprendre ce qu'est le bien, et ce qu'est le mal. Le conte montre à l'enfant que le bien triomphe toujours. Dans « Hansel et Gretel », les deux enfants constituant les héros de l'histoire incarnent indubitablement le bien et le bien. Ce conte indique explicitement le chemin du bien et ses rétributions. L'enfant aura donc instinctivement envie de s'identifier à ses héros, et malgré la peur, décidera de défier le monde entier afin de rester en vie et de s’en sortir en dépit des mauvais desseins des parents et de la sorcière. Le mal en revanche est le grand perdant dans le conte, car il semble s'imposer et prendre le pas contre le bien au début (abandon des enfants à deux reprises, la méchanceté et les pensées cannibales de la sorcière à l'encontre des enfants), mais il arrivera à ce mal une bien triste fin (la sorcière finira au feu).

Chapitre 4

La symbolique de la maison

Le foyer, la maison c'est le lieu de la famille, de l'affection où l'enfant peut se sentir comme dans un cocon. Pour l'enfant la maison est très importante car elle symbolise ses parents et l'amour qu'ils lui portent. La maison est la bulle familiale que partage l'enfant avec ses parents et à l'âge de la petite enfance, elle représente tout pour eux. La maison ou les parents sont indispensables à la survie de l'enfant, car ils lui procurent ses besoins fondamentaux (nourriture, amour, etc.). Si l'on va plus loin en profondeur nous pouvons relier la maison à la mère. Elle est plus précisément la personnification de la mère, bonne, aimante, protectrice qui chérit ses enfants, qui subvient à leurs besoins fondamentaux (allaitement puis nourriture) et affectifs, qui leur donne tout son amour dès son premier jour de vie. Ce conte exprime fort bien les fantasmes d'angoisse de l'enfant qui a peur de perdre cela : peur de perdre l'amour de ses parents en particulier sa mère. Nous avons donc pu déceler 3 sortes de maison en analysant « Hansel et Gretel » :

A. « La maison de la pauvreté »
B. « La maison des passions »
C. « La maison de l'abondance »

Nous allons voir que ces trois maisons sont en réalité une seule et même maison familiale. C'est la manière qu'ont Hansel et Gretel de la percevoir qui change au fur et à mesure de leur évolution intérieure au fil du conte.

A.
« La maison de la pauvreté »

La figure de la mère

Comme nous l'avons dit plus haut, la mère est la dispensatrice de toute nourriture : nourriture physique et affective. Dans le conte, c'est la mère qui souhaite et prend la décision d'abandonner ses deux enfants dans la forêt et de les laisser livrés à eux- mêmes, comme en plein désert : désert matériel et affectif. A cet âge l'enfant nourrit les plus hautes attentes envers sa mère. L'enfant se sent très vite déçu par sa mère si elle ne se soumet pas à toutes ses exigences d'enfants. Nous voyons ainsi que Hansel et Gretel, sont des enfants dont la mère ne répond plus à leurs exigences orales. Cela conduit l'enfant à croire que sa mère n'est plus elle-même, qu'elle est devenue égoïste, qu'elle ne l'aime plus et le rejette. Il y a aussi chez ces enfants (Hansel et Gretel), selon moi, une culpabilité inconsciente, une peur d'être la cause de cette situation, d'avoir fait quelque chose de mal pour mériter cela – ne serait-ce que par leur existence. Par le simple fait d'exister, ils causeraient du souci à leurs parents. Hansel et Gretel se croient donc contraints de renoncer à l'attachement exclusif de leur mère, attachement qui les rendait dépendant d'elle. Ils doivent dès lors se libérer de leur fixation orale (nourriture), de force, bien qu'ils ne s'y sentent pas encore prêts.

Une invitation vers l'individualisation et l'indépendance

Hansel et Gretel ont peur d'entreprendre le périple qui leur permettra de se trouver eux-mêmes, de devenir des personnes indépendantes détachées de leur mère. Le détachement de leur mère signifiera qu'ils devront affronter le monde et ses complexités. Il est donc plus facile pour l'enfant, comme le font nos deux héros, de revenir vers la passivité et de s'assurer pour l'éternité une dépendance composée uniquement de satisfactions. Le conte révèle à l'enfant que rester dans les jupes de sa mère n'est pas une solution à long terme pour grandir et acquérir autonomie et indépendance. Ce détachement peut avoir lieux dans de nombreuses situations, comme par exemple une mère contrainte de travailler à plein temps à un certain moment de son existence et ne pouvant plus être aussi présente pour son enfant qu'elle le souhaiterait.

Au début du conte, Hansel et Gretel essayent de revenir chez eux, n'acceptent pas l'abandon de la part de leurs parents. Ils erreront dans la forêt jusqu'à trouver une compensation à leur manque, c'est-à-dire la « maison de sucrerie et d'épice ».

B.
« La maison des passions »

La nourriture : fixation orale

Hansel et Gretel doivent apprendre par les épreuves qui les attendent (nuit dans la forêt, privation de nourriture, et épisode dans la maison de la sorcière) à surmonter et sublimer leurs désirs primitifs qui les enferment en eux-mêmes. Car ils sont de nature destructive. Le passage dans la forêt sera inévitablement leur apprentissage nécessaire pour sortir de cet état de dépendance. La maison en pain d'épice est une image mythique que personne ne peut oublier. Elle reste gravée dans les esprits des plus jeunes comme des plus grands. Elle représente une existence fondée sur les satisfactions les plus primitives. Elle est entièrement faite de nourriture et devient elle-même objet de convoitise. Hansel et Gretel se laissent entrainer dans une faim incontrôlée. Lorsqu'ils s'approchent de la maisonnette en pain d'épice, leur régression orale se déchaîne. Ils pensent ainsi avoir retrouvé une sécurité grâce à la nourriture et n'hésitent pas à dévorer la petite maison de la forêt.

L'on peut ainsi comprendre qu'ils sont en train de dévorer leur propre sécurité, leur propre abri. La « maison des passions » représente donc l'avidité orale et le plaisir qu'on éprouve à satisfaire nos pulsions. Elle est tentante, séduisante mais le conte nous montre qu'on encourt un risque terrible si l'on cède à ce genre de tentation. Nous retrouvons ici le renvoi à la maison comme symbole de la mère. Lorsque les enfants se rendent compte que la sorcière (face ambivalente de la mère !) met en danger leur vie et qu'ils se retrouvent dans une impasse qu'ils remettent en question le « ça » indompté de leur personnalité et leur voracité. Cela ouvre la voie à une solution.

La sorcière et la mère

La sorcière ogresse représente les aspects destructifs de l'oralité. La sorcière est tout autant décidée à dévorer les enfants qu'ils ne l'étaient eux -mêmes à dévorer la maisonnette en pain d'épice. Nous pouvons remarquer par-là que la représentation qu'ils se font de la sorcière est en fait le reflet de leurs propres sentiments vis-à-vis de leur mère.

Il est intéressant de remarquer que les enfants se contentent de manger la représentation symbolique de la mère. Mais la sorcière, elle, souhaite réellement dévorer les deux enfants ! L'importance de la dimension symbolique prend tout son sens : l'enfant apprend qu'il est permis de jouer avec les symboles, de laisser libre recours à ses fantasmes mais qu'il est grave d'agir dans la réalité. Le conte permet à l'enfant de fantasmer par ce merveilleux outil à notre disposition : l'imagination.

La symbolique des oiseaux

Les oiseaux et leurs comportements jouent un grand rôle dans le conte. Les oiseaux guident les enfants et organisent leur aventure. Lorsqu'ils se retrouvent seuls perdus et affamés dans la forêt, c'est un « oiseau blanc comme neige » qui guide les enfants jusqu'à la maisonnette en pain d'épice. L'oiseau blanc se pose sur le toit de la maisonnette, comme pour dire que c'est ici qu'ils doivent s'arrêter. La colombe blanche symbolise depuis tous temps les puissances supérieures et bienveillantes, ce qui veut dire que l'oiseau guide les enfants jusqu'à la maisonnette parce qu'il sait que malgré la dangereuse épreuve qu'ils traverseront, ils en sortiront grandis et heureux.
Le pigeon perché sur le toit auquel Hansel feint de dire au revoir au début du conte, est lui aussi blanc. Comme pour nous dire qu'inconsciemment Hansel sait au plus profond de lui-même que la régression ne le mènera nulle part et ne l'aidera pas, et que l'oiseau est une invitation à l'envol, à la réalisation de soi.

C.

« La maison de l'abondance »

Après s'être libérés de la sorcière et l'avoir tuée, les enfants s'en vont avec les perles et les pierres précieuses de la défunte. C'est avec tous ces trésors qu'ils rentreront chez eux. Le trésor symbolise tout leur cheminement personnel au fil de leur aventure et le fait qu'ils sont parvenus à maîtriser leurs difficultés œdipiennes. C'est aussi toute l'éducation et les valeurs que leur ont transmis les parents pour les aider à se réaliser, au sens propre comme au sens figuré : ces bijoux prennent toutes leurs valeurs quand ils regagnent la maison familiale. C'est-à-dire qu'à la fin de leur périple évolutif, ils ont grandi, cela a été dur mais bénéfique à leur développement. Ils ont acquis au travers de cette mésaventure le plus beau trésor que l'on puisse avoir : être en harmonie avec soi-même et avec ceux qui nous entourent. Et cette réalisation de soi fera partie de leur équilibre pour la vie.

Hansel et Gretel

Dès le début du conte, on perçoit Hansel comme un petit garçon fort, intelligent, qui ne se laisse pas faire, et qui fait preuve d'initiative pour contrer la décision de sa mère. Il est affecté par la situation qui le touche lui et sa sœur, mais il se distingue comme le leader des deux. Il la console, il essaie de la faire échapper à l'abandon et la rassure lorsqu'ils sont tous deux seuls dans la forêt. Il promet même à sa sœur qu'ils rentreront à la maison. Il semble moins affecté que sa sœur par la situation et semble mieux la gérer…mais en réalité il a une attitude régressive et de refus de la situation dès le début. A peine a-t-il entendu ses parents parler de les abandonner qu'il fait travailler son esprit pour contrer cette décision et y remédier. Gretel elle, est très effacée, elle se pose comme victime mais n'agit pas. Elle se cache derrière son frère toute la première partie du conte. Elle est dépendante de lui et de ses décisions. Elle restera une petite fille passive jusqu'au moment où ils entreront dans la maison de la sorcière. C'est là où elle fera son ascension vers la maturité et qu'elle évoluera trouvant en elle-même le rôle de leader qui la sauvera elle et son frère des dangers de la mort. C'est dès lors elle qui prendra les initiatives jusqu'à la fin du conte comme par exemple « tuer la sorcière » et « choisir de traverser seule la rivière à « dos de canard » plutôt qu'à deux ». Finalement c'est elle qui acceptera la première d'aller de l'avant et de « passer de l'autre côté de la rive » pour laisser derrière leur fixation orale et se réconcilier avec leurs peurs et angoisses œdipiennes.

Chapitre 5

Les ambivalences du conte et conclusion

A la fin de ce périple, l'on saisit fort bien que la maison familiale et la maisonnette dans les bois représentent les deux aspects de ce qui dans la réalité est une seule et même entité. La marâtre et la méchante sorcière sont en réalité une seule et même personne.

Ces perceptions changeantes de l'enfant, vis-à-vis d'un même objet sont fort bien comprises par le conte, qui travaille en profondeur sur l'esprit de l'enfant et ses représentations. L'enfant percevra une chose comme bonne ou mauvaise selon son état et sa situation psychologique. En effet ce dernier ne peut pas « accepter » que sa mère soit bonne et méchante à la fois. Or dès le début du conte on voit que la mère est méchante (elle n'est plus celle qu'elle était avant). La sorcière est méchante également, il n'y pas de doute pour l'esprit du jeune enfant.

Si le conte personnifie le bien et le mal distinctement dans des personnages différents c'est parce que le jeune enfant ne comprend pas encore les ambivalences. Le conte aidera donc l'enfant à mettre de l'ordre dans son esprit et dans son sentiment envers un seul et même objet (ici la mère). Nous avons volontairement laissé la figure du père de côté dans la mesure où à notre sens, ce dernier ne prend de l'importance qu'en fin de récit quand les enfants le retrouvent heureux de les accueillir nouvellement (et différemment) dans la demeure familiale. Le père est à ce stade lui-même affranchi de ses pulsions régressives et pourra désormais faire face à ses responsabilités de guide et de père protecteur vis-à-vis des enfants. Si le père n'a pas la même place que la mère au sein du conte, c'est tout simplement qu'il n'a pas non plus la même place dans la vie de l'enfant. Cela ne veut pas dire que le père est moins important, au contraire, mais la relation qui le lie à l'enfant est différente. L'enfant n'a pas les mêmes attentes envers son père que sa mère. La relation qui lie l'enfant à sa mère est biologiquement fusionnelle et donne lieu à de grandes attentes de la part de l'enfant. La relation à la mère commence déjà bien avant sa naissance, tandis que la relation au père se construira par étapes de la naissance jusqu'à l'âge adulte.

Nous retenons de cette analyse que les contes merveilleux remplissent à « la perfection » leur fonction structurante et anoblissante à l'égard de l'enfant ou du futur adulte, dans la mesure où d'un passé tributaire de pulsions et régressions l'homme surgit tel un être nouveau et digne, soulagé dans son inconscient des nombreuses peurs qui l'assombrissaient. Il devient ainsi capable d'affronter l'avenir avec courage et dignité comme s'il s'agissait d'ouvrir l'immense et belle porte du bonheur grâce au fabuleux sésame du conte merveilleux où le récit se consomme comme un inépuisable mille-feuilles.

Indications bibliographiques

NOEL DANIEL, « Les contes des frères Grimm », Paris, Taschen, 2002. (« Hansel & Gretel » : Texte intégral de 1812 et de 1957).

BETTELHEIM B., « Psychanalyse des contes de fées », Paris, Laffont, 1976.

VON FRANTZ M.L., « L'interprétation des contes de fées », Albin Michel, 1995.

VON FRANTZ M.L., « La femme dans les contes de fées », Albin Michel, 1993.

JUNG C.G, « Psychologie de l'inconscient », Georg, Le Livre de Poche, 8e éd, 1993.

MAJOR R., TALAGRAND C., « Freud », Ed. Gallimard, Folio Biographie, 2006.

JUNG C.G, « Psychologie de l'inconscient », Chap. VII, Georg, Le Livre de Poche, 8e éd, 1993.

Printed in Great Britain
by Amazon